Steffi Sternchen schreibt.

Stefanie Fasora, geboren im tiefsten Baden-Württemberg am 9.Mai 1983, trägt oft verschiedene Socken und Klamotten, die nicht zusammenpassen. Oder doch? Wer bestimmt das überhaupt? Unterm Strich trägt sie an jedem Fuß eine Socke und hat Klamotten an. Sie kellnert, leitet eine Selbsthilfegruppe, interessiert sich für Persönlichkeitsentwicklung und kreiert geführte Meditationen während sie ihr soziales Hausprojekt managt. Sie liebt Klarheit und hört lieber ein klares Nein als ein Ja auf das sie sich nicht verlassen kann. Sie ist in 5 Jahren 2 x um die ganze Welt gereist, hat ihre eigene Cafe-Bar eröffnet und sie liebt motivational quotes. "Disappointment can destroy you or drive you, the choice is yours."

Oft genug hat Enttäuschung sie schon zerstört, aber eines Tages hat sie beschlossen: ab jetzt werden Enttäuschungen zu Projekten um sich oder und das Leben zu verbessern. Und rate mal, richtig, dieses Buch ist auch ein Projekt. Für Sebastian, der immer ja sagte und dann den Kontakt abgebrochen hat, weil er nein meinte. "Disappointment can destroy you or drive you." Thank you for this book.

Andy Nikisch zeichnet

Andy Nikisch, geboren 1971 in Regensburg, arbeitet als Webdesigner und Webentwickler bei der Internetfirma SPiN AG. Hobbymäßig betätigt er sich als Comiczeichner und Illustrator. Erste Veröffentlichungen erfolgten in Form eines Comicstrips im Rahmen einer Studentenzeitung. Darüber hinaus hat er bereits mehrere humoristische Comics über eine Vampirin namens Tristitia herausgegeben.

Inhaltsverzeichnis

Biographische Informationen der Deutschen Nationalbibliothek: Die Deutsche Nationalbibliothek verzeichnet diese Publikation in der Deutschen Nationalbibliographie, detaillierte bibliographische Daten sind im Internet über http://dnb.dnb.de abrufbar.

Herstellung und Verlag

BoD - Books on Demand, Norderstedt

ISBN 978-3-7460-5595-4

Liebe ist wie Chili con Carne

Wenn man in einer Stadt in verschiedene Restaurants zum Essen geht und dort jedes Mal ein Chili con Carne bestellt, bekommt man vermutlich immer ein scharfes Gericht mit Tomaten, Hackfleisch und Bohnen.

Im einem Restaurant sind im Chili vielleicht noch Kartoffeln mit drin, im anderen noch mit Mais und wird mit Sauerrahm serviert, im dritten könnten Karotten und Mais mit drin sein.

Jeder hat ein anderes Rezept, aber jeder nennt es Chili con Carne.

Dein Rezept für Chili con Carne

In der Partnerschaft ist es - meiner Meinung nach - ebenso. Jeder hat sein "Rezept", welche Bedürfnisse mit der Partnerschaft abgedeckt sein sollten:

- Körperkontakt, Humor, Ästhetik, Zugehörigkeit, Aufmerksamkeit, Geborgenheit, Verbindung - bei dem einen,

während der andere die Liebe zum Partner mit

- Vielfalt, Vertrauen, Freiheit, Sexualität, Zugehörigkeit, Körperkontakt, gedanklicher Austausch- beschreibt.

Je größer die Schnittfläche der beiden, umso harmonischer passt es zusammen. Also quasi: je ähnlicher sich die Rezepte für die Partnerschaft sind, umso besser schmeckt sie uns.

Welche Bedürfnisse deckst du in deiner Partnerschaft ab?

(Am besten stellst du dir vor, dein Partner wird mit einem 3D Drucker ausgedruckt. Würde es dir reichen, dass er da ist, damit du dich geliebt fühlst oder was würde dir fehlen?)

Verliebt sein ist wie hungrig einkaufen gehen

Du kennst es bestimmt: Du hast riesen Hunger und nichts zu Essen zu Hause. Du gehst einkaufen. Zu Hause isst du dann das, was dich am meisten anlacht, und erst nachdem dein Bedürfnis nach Nahrung gestillt ist, kannst du wieder klar denken und bemerkst, dass du viele Sachen gekauft hast, die nicht zusammen passen und die du gar nicht brauchst. Warum?

Jedes Mal wenn wir ein unerfülltes Bedürfnis haben, signalisiert unser Körper uns dies durch ein unangenehmes Gefühl. Bleiben wir beim Beispiel Hunger – im Englischen gibt es sogar ein Wort dafür, wenn wir "aus Hunger zur Diva" werden, es heißt "hangry" (angry because of hungry) Erst wenn wir dieses Bedürfnis erfüllt haben, sind wir wieder entspannt. Also bekommen wir jedes Mal, wenn wir ein Bedürfnis erfüllen, ein angenehmes Gefühl.

Jetzt stellen wir uns vor, wir haben einen Partner gefunden mit dem wir beispielsweise sieben Bedürfnisse in unserem Liebesrezept abdecken:

Z.B. Sexualität, Humor, Geborgenheit, Ästhetik, Gemeinschaft, Zugehörigkeit, Austausch.

Und auf einmal sind sieben Bedürfnisse gleichzeitig erfüllt, d.h. wir erleben sieben angenehme Gefühle auf einmal. Das haut uns vom Hocker, wir nennen diesen Zustand "verliebt sein", "das höchste der Gefühle" aber ich glaube, es ist nicht ein Gefühl sondern eine Kumulation von mehreren Gefühlen. Pro erfülltes Bedürfnis eines.

Somit ist meine Theorie, dass Liebe nicht ein Bedürfnis ist, sondern eine Kumulation von Bedürfnissen – und bei jeder Person ist das Liebesrezept halt ein bisschen anders gestaltet, deshalb gibt es auch verschieden Wege die Liebe auszudrücken.

Kennst du solche Sätze, wie: "Mit diesem Partner fühle ich mich so gut, der muss derjenige welche sein." Trotz allem passiert es so oft, dass Pärchen, nach der Verliebtheits-Phase, bemerken, dass sie völlig unterschiedlich sind, eigentlich nichts gemeinsam haben und sich überlegen wieso sie das früher nicht sehen konnten. Macht Liebe blind? Nein, glaube ich nicht, aber verliebt sein ist wie hungrig einkaufen gehen. Wenn wir unerfüllte Bedürfnisse haben, müssen diese Bedürfnisse (bewusst oder unbewusst) erst erfüllt werden, ehe wir irgendetwas anderes machen können. Nachdem wir nun mit dem neuen Partner all unsere Bedürfnisse auf einmal erfüllt haben, können wir wieder klar denken (wie beim Beispiel Essen auch) und bemerken manchmal: „oh, was hab ich je an ihm gefunden?"

Der Partner ist die Strategie mit dem wir unsere unerfüllten Bedürfnisse erfüllen.

Da ich Kellnerin bin und denke man kann mit Essen alles am besten erklären möchte ich das nochmal ausführen:

Ich habe furchtbar Hunger und esse einen Burger. Danach sage ich: "Der Burger hat mich aber satt gemacht!" Und genau hier ist die Projektion. Der Burger war die Strategie. Ich habe mich selbst satt gemacht indem ich ihn gegessen habe. Wie hätte er mich satt machen können, wenn ICH ihn nicht gegessen hätte?

Also sieht es so aus, als ob wir dieselbe Projektion mit dem Partner machen: "Der macht mich glücklich" Nope. Wir erfüllen uns unsere Bedürfnisse selbst nur halt durch ihn.

Wenn du sagst: "So ein Quatsch, ich liebe meinen Partner, ich nutze ihn bestimmt nicht als Strategie", dann schau mal, was mit dir passiert, wenn dein Partner dich verlässt.

Denkst du: "mein Partner darf seinen Weg gehen – auch wenn ich auf diesem Weg nicht dabei bin - und ich freue mich, wenn er glücklich ist, weil ich ihn liebe!"

Oder liegst du weinend am Boden und denkst: "Mein Partner muss mit mir zusammen meinen Weg gehen, denn sonst bin ich einsam, komme mir nicht liebenswert vor, habe keinen Sex, keinen zum Kuscheln und niemand der da ist und mir gut zuredet, der mich versteht und mir Sicherheit gibt, wenn es mal unangenehm wird. Ohne ihn fühle ich mich so ungeliebt!" Denn wenn wir ganz ehrlich zu uns selber sind – tun wir nur uns selbst leid, weil wir plötzlich mit all den unerfüllten Bedürfnissen da stehen. Und wünschen wir unserem Ex Partner, der uns verlassen hat, nicht sogar manchmal die Pest an den Hals? Oder wir überlegen uns wie wir uns einschränken und verbiegen können, nur dass er wieder zurückkommt? Und weder das eine noch das andere hat viel mit Liebe zu tun, oder?

Vor allem bei Liebeskummer hilft es zu sehen, dass unsere negativen Gefühle von UNSEREN unerfüllten Bedürfnissen kommen, nicht vom

Partner. Auf einmal ist der Partner weg und auf einmal sind diese beispielsweise „sieben" Bedürfnisse wieder unerfüllt. Sieben negative Gefühle auf einmal. Autsch! Wenn wir nun in diesem Moment erkennen, dass nur eine verdammt gute Strategie weg ist und wir für jedes Bedürfnis 1000 Strategien haben, es zu erfüllen, dann können wir wieder handeln. Der Partner hat uns nie glücklich gemacht, das waren wir schon immer selber, er war nur die Strategie.

Und gleichzeitig ist das schon fast traurig, oder? Das heißt ja ich bin auch nur die Strategie für meinen Partner. Liebe muss doch etwas anderes sein! Und ja, das denke ich auch, aber dazu müssen wir eine Stufe nach oben klettern um eine Liebesbeziehung eingehen zu können und nicht eine Bedürfnis-Befriedigungs-Beziehung, wie bei vielen Pärchen. Eine Beziehung, in der ich sein kann, wie ich bin und dafür geliebt werde. Eine Beziehung, in der jeder seinen Weg gehen kann und man trotzdem gemeinsam geht und sollten die Wege sich trennen, jeder von beiden von Herzen sagen kann "Ich freu mich über die Zeit, die wir gemeinsam hatten und ich freu mich, wenn du glücklich bist, bei allem was du machst, weil ich dich mehr liebe, als ich dich brauche."

Wie schaffen wir es, dass wir unseren Partner mehr lieben als brauchen?

Wenn wir Hunger haben können wir 1000 verschiedene Sachen essen: Burger, Nudeln, Reis, Brot, Pizza, Ribs, Steak, Salat…

Wir denken: "Hm, ein Burger wär jetzt geil!" aber wir sitzen in einem italienischen Restaurant. Dann können wir entweder hungrig vor dem mit Pizza gedeckten Tisch sitzen und uns ärgern, dass es keinen Burger gibt oder uns erinnern, dass der Burger nur eine Strategie ist und dass das Bedürfnis Hunger auch mit anderen Strategien (Pizza, Pasta, Salat, Eis, Schokolade…) gestillt werden kann.

Denn manchmal verwechseln wir unsere Lieblingsstrategie mit unserem Bedürfnis. Dabei ist es möglich, jedes Bedürfnis durch ganz unterschiedliche Strategien zu erfüllen. Das gibt uns enorm viel Freiheit.

16

Wir könnten sogar etwas essen, das uns überhaupt nicht schmeckt, aber trotz allem wäre das Bedürfnis nach Nahrung erfüllt und die Entspannung wieder da.

Und natürlich, wenn wir etwas essen, das uns schmeckt, dann erfüllen wir uns gleich 2 Bedürfnisse auf einmal: Nahrung und Genuss. Und dadurch haben wir ja gleich 2 positive Gefühle auf einmal (deshalb essen wir auch viel lieber etwas, das uns schmeckt).

Schritt 1

Zusammenfassend: wenn wir Single sind und während der Partnersuche unsere „sieben" Bedürfnisse (z. B. Körperkontakt, Gemeinschaft, Humor, Ästhetik, Sexualität, gedanklicher Austausch, Zugehörigkeit) uns nicht mit anderen Strategien bereits selbst erfüllen, gehen wir hungrig einkaufen.

Und ja, es ist etwas umständlich und zeitaufwendig für Körperkontakt schwimmen oder zur Massage zu gehen, für Humor lustige Filme anzuschauen und Witze zu lesen, für Ästhetik Bilder von Alexander Skarsgard zu googeln, immer wieder neue Batterien für den Vibrator zu kaufen, uns viel mit Freunden auszutauschen und einem Verein beizutreten um uns zugehörig zu fühlen.

Aber es lohnt sich aus 2 Gründen:

Erstens erfüllen wir uns schließlich alle diese Bedürfnisse irgendwie selbst und bekommen dadurch für jedes erfüllte Bedürfnis ein positives Gefühl. Und ehe man sich versieht ist man glücklich, so glücklich als wäre man verliebt, weil man ja ebenfalls diese Kumulation von positiven Gefühlen hat.

Und zweitens können wir dann den in Frage kommenden Partner besser einschätzen, ob wir mit ihm dauerhaft glücklich sein können – ob wir ihn einfach lieben können, weil wir kaufen hier ja gerade satt ein; mit einem objektiveren Blick, ob das nach der ersten heißen Phase weiterhin gut geht oder nicht.

Gefühlsmäßig ändert sich nicht mehr viel am Anfang des Zusammenkommens, denn wir sind bereits vorher schon glücklich mit all unseren erfüllten Bedürfnissen, und gleichzeitig ist die Chance größer, dass es sich gleich zu einem Lieben entwickelt anstatt zu einem Verlieben.

Und das ist in meinen Augen auch Selbstliebe. Sich selbst mit all seinen Bedürfnisse zu akzeptieren und sie möglichst langfristig zu erfüllen, unabhängig von einem Partner.

Schritt 2

Aber auch wenn die Idee, sich seine Bedürfnisse - so wie oben aufgeführt – alle zu erfüllen ein guter Plan ist, hat er doch einige Löcher. Was, wenn das Hallenbad über den Sommer zu macht? Es keine Batterien mehr zu kaufen gibt? Die Thaimasseurin zurück nach Thailand zieht?!? Siehst du worauf ich hinaus will?

Kann man sich seine Bedürfnisse alle von innen selbst erfüllen? Ja!

Dazu müssen wir unser Selbstwertempfinden steigern und uns auf die Selbstliebe einlassen.

Wenn wir wüssten, dass wir gut genug sind, dann müssten wir uns nicht rechtfertigen, wenn einer anderen Person gerade etwas gegen den Strich geht.

Wenn wir wüssten, dass wir so wie wir sind, vollkommen ok sind, dann müssten wir uns weder den Finger in den Hals stecken noch Diäten machen.

Wenn wir wissen, dass wir tolle, wertvolle Menschen sind, dann werden wir uns gegen Mobbing wehren, und gleichzeitig, wenn wir wissen, dass wir gut so sind, wie wir sind, dann müssen wir über niemanden lästern und niemanden mobben, um uns besser zu fühlen.

Wenn wir wissen, dass wir gut sind, so wie wir sind, dann müssen wir uns nicht verbiegen und zurückstecken, damit andere uns mögen.

Wenn wir wissen, dass wir vollkommen ok und liebenswert sind, dann bleiben wir nicht in Beziehungen, in denen wir geschlagen oder gedemütigt werden oder in denen wir uns langweilen. Und gleichzeitig wiederum, wenn wir wissen, wir sind toll, so wie wir sind, dann müssen wir niemanden schlagen oder demütigen, um uns besser zu fühlen.

Die magische Küche

In meiner Selbsthilfegruppe "Auf dem Weg zur Selbstliebe" hat mir ein Gruppenmitglied mal eine Parabel erzählt.

"Stell dir vor, du hast eine magische Küche zu Hause, die kocht jeden Tag genau das, was du möchtest, ob Steak ob Ribs ob Pfannkuchen ob Holzofenpizza, du sagst es, du bekommst es! Wow!

Jetzt kommt ein Typ an die Tür und bietet dir eine Tiefkühlpizza an und sagt "Du kannst diese Pizza haben, wenn du dafür alles tust, was ich sage".

Da du ja eine magische Küche zu Hause hast, sagst du wahrscheinlich: "Ich brauch deine Pizza für diesen Preis nicht, danke."

Wenn du nun keine magische Küche zu Hause hast und fast am Verhungern bist, ist die Wahrscheinlichkeit wesentlich größer, dass du sagst: "Bitte, gib mir die Pizza und ich tue alles, was du sagst."

So landen wir in Beziehungen die uns nicht guttun, weil wir für dieses Quäntchen Liebe einen unglaublich hohen Preis zahlen. Würden wir uns selbst lieben, dann hätten wir quasi diese magische Küche und **brauchen** somit den Freund nicht, sondern können ihn einfach nur **lieben**, wenn er uns guttut. (Den Tiefkühlpizzatypen mit seinen hohen Anforderungen müssen wir dann nicht lieben. Der hat nämlich auch keine magische Küche, sonst würde er solche Anforderungen nicht stellen.)

Und wie mach ich das nun konkret?

Nun zu aller erst werde ich Verantwortung für mich selbst übernehmen; und zwar für alles in meinem Leben. Und das fällt mir leichter, wenn ich mein Endziel kenne. Wenn ich nicht weiterkomme, liegt es für gewöhnlich daran, dass ich mich in eine Strategie verrannt habe, anstatt mich auf mein Endziel zu fokussieren. Wenn ich mein Endziel nicht sehe, sehe ich auch nicht, ob ich noch auf dem richtigen Weg bin.

Beispiel:

Wenn ich eine Brezel will und zum Konditor gehe, der keine hat, habe ich mehrere Strategien:

1. Ich sage ihm er soll künftig Brezeln in seinem Sortiment aufnehmen, weil ich Brezeln will. Wenn er Nein sagt, rege ich mich furchtbar auf und mache ihn verantwortlich, dass ich jetzt gerade und in Zukunft keine Brezel bekomme.

(ich verliere das Endziel „Brezel haben" aus den Augen und verrenne mich in die Strategie „Konditor soll Brezeln anbieten")

2. Ich gehe zu einem Bäcker und kaufe mir eine Brezel. Ich akzeptiere Dinge, wie sie sind und übernehme Verantwortung für die Erfüllung meiner Bedürfnisse (Endziel) indem ich eine andere Strategie wähle.

In dem Moment, in dem ich einem Anderen die Schuld an etwas gebe, komme ich nicht weiter und bekomme auch nicht, was ich möchte. <u>Wenn ich Verantwortung übernehme für mein Tun, mein Nicht-Tun und meine Gefühle</u>, dann läuft mein Leben so, wie ich mir das wünsche.

Wie entstehen Gefühle? Hast du auch als Kind gehört „Du bist schuld, dass Mama jetzt enttäuscht, wütend, traurig, etc ist?" Wie fühlt sich das an, verantwortlich für irgendetwas zu sein, das man vorher nicht abschätzen konnte?

Kann eine andere Person Auslöser unserer Gefühle sein?

Beispiel:

Wenn ein Mann in einen Raum voll Frauen kommt und einen frauenfeindlichen Witz erzählt, dann wird wahrscheinlich ein Drittel sauer reagieren, weil sie sich angegriffen fühlen, ein Drittel wird vermutlich schulterzuckend gelassen bleiben und der Rest wird sich vielleicht sogar über die Abwechslung freuen und darüber lachen.

Und wenn ein und dieselbe Situation 3 unterschiedliche Gefühle (Ärger, Gelassenheit, Freude) auslöst, dann kann die Situation (oder der Reiz von außen) nicht die Ursache der Gefühlsauslösung sein.

Das bedeutet also, dass der Auslöser von Gefühlen nicht von außen kommt, sondern wir Gefühle selber produzieren auf Grund der Bewertung, die wir dem Reiz von außen geben.

Wir haben Experimente in der Gruppe gemacht, indem wir uns immer wieder in andere Gefühlszustände brachten – und folgendes festgestellt:

Um ein Gefühl zu produzieren muss man wie bei einem Rezept vorgehen und 3 Zutaten zusammen mischen: Körperhaltung, Gedanken, Fokus.

Jedes Gefühl hat eine bestimmte Körperhaltung, einen bestimmten Gedankengang und einen bestimmten Fokus.

Ein praktisches Beispiel:

Manolo (Name geändert) sieht ein ausparkendes Auto und wartet in seinem Auto auf der Straße um danach dort einzuparken. Als das ausparkende

Auto Manolos Auto sieht, wartet es noch, um erst dann auszuparken, als ein drittes Auto zum Parkplatz kommt, das sich dann den Parkplatz schnappt. Vermutlich kennt jeder die Situation, Auto 1 hat Auto 2 seinen Parkplatz übergeben und Manolo, der zuerst an der Lücke gewartet hat, ignoriert.

Manolo ist sauer.

Seine <u>Körperhaltung</u>: vorgebeugt, Mund zu einer Schnute gezogen, Fäuste geballt, Stirn gerunzelt.

Seine <u>Gedanken</u>: So ein Depp, das ist unfair, das kann der doch nicht machen.

Sein <u>Fokus</u>: Ich bin das Opfer der Situation. Mir ist Unrecht geschehen.

Manolo hätte in derselben Situation auch ein anderes Gefühl mit einem anderen Rezept backen können:

<u>Körperhaltung:</u> locker stehend, Gesichtsausdruck: fragend

<u>Gedanken:</u> Ich steige aus und frage mal warum die das machen und sage, dass ich auch auf diesen Parkplatz gewartet habe.

<u>Fokus:</u> Ich bin auf Augenhöhe mit der Welt.

Und sein gebackenes Gefühl ist Gelassenheit oder Neugier.

Wie jemand auf einen Reiz reagiert, entscheidet jeder selbst. Ich zitiere Stefanie Stahl, weil sie das so schön gesagt hat: "Zwischen Reiz und Reaktion liegt die Freiheit sich zu entscheiden"

<u>Also bin ich verantwortlich für meine Gefühle</u>, weil ich backe sie mir selbst indem ich eine bestimmte Körperhaltung gekoppelt mit einem bestimmten Gedankenmuster gekoppelt mit einem bestimmten Fokus einnehme.

Da wir alles, was wir tun, nur deshalb tun, um unsere Bedürfnisse zu erfüllen, fragen wir einfach mal Manolo, welche Bedürfnisse es ihm erfüllt hat, in dieser Situation sauer zu werden anstatt gelassen:

Das Bedürfnis nach Sicherheit. Wenn er sauer wird fühlt er sich energiegeladen und mächtig, zudem hat er ja schon mit sauer werden reagiert und muss nicht aussteigen und sich einem Konflikt stellen.

Wenn er den anderen als unfairen Deppen bezeichnet und er weiß, dass er so was bestimmt nicht machen würde und somit viel besser ist als ein unfairer Depp, dann ist auch das **Bedürfnis nach Geltung** erfüllt. (Ich bin gut, der Andere ist schlecht)

Und da er es in allen Facetten geschildert hat, wie er nun das arme Opfer der Situation war, erfüllt es ihm auch das **Bedürfnis nach Sympathie und Zuwendung**. Also ganz ehrlich, wenn das Sauerwerden in dieser Situation ihm so viele Bedürfnisse erfüllt hat, wieso hätte er dann aussteigen und den schwierigen Weg gehen sollen?

Weil der schwierige Weg ihn hätte wachsen lassen. Es hätte ihm gezeigt, ich bin auf Augenhöhe mit allen Menschen, ich kann in der Welt was bewirken oder zumindest darf ich meine Meinung kundtun, ich bin etwas wert! Ich habe mich etwas getraut, darauf kann ich stolz sein! Das ist schon eine Steigerung vom Selbstwertempfinden und dem Selbstbewusstsein!

Der schwierige Weg baut das Selbstwertempfinden <u>langanhaltend</u> auf! Und wenn ich glauben kann „ich bin es wert, geliebt zu werden" dann hab ich hier schon mal die halbe Miete. Und wollten wir nicht daran arbeiten, damit wir einen Partner mehr lieben können, als dass wir ihn (ge)brauchen müssen?

Auch wenn gerade kein Reiz vorhanden ist, sondern einfach ein Gefühl "hochkommt" wie man es so schön sagt, habe ich mir das gebacken, weil ich eine bestimmte Körperhaltung einnahm, (bewusst oder unbewusst) bestimmte Gedanken dachte und einen bestimmten Fokus visierte.

Die Frage ist dann eher: warum habe ich dieses Gefühl gebacken? Aber wie schon oben erwähnt: Gefühle sind Indikatoren für unerfüllte oder erfüllte Bedürfnisse. Wenn mein Unterbewusstsein das Gefühl bäckt, dann will es zeigen um welche Bedürfnisse ich mich kümmern muss. Kaum erfülle ich mir diese(s) Bedürfnis(se) ist das Gefühl weg. Man kann auch das Gefühl schneller wegbekommen, wenn man eine andere Körperhaltung einnimmt, andere Gedanken denkt und einen anderen Fokus anpeilt. Und gleichzeitig glaube ich, dass es sinnvoll ist davor zu erörterten um welche unerfüllten Bedürfnisse es sich handelt. Ja und wie mach ich das? Analysiere mal deine Gedanken, die unmittelbar vor deinem Gefühl in deinem Kopf waren, das gibt dir einen guten Anhaltspunkt.

<u>Ich übernehme Verantwortung für mein Handeln.</u>

Noch ein Beispiel aus dem Leben. Steve (Name geändert) lügt seine Freundin an, dass er sich mit seiner Arbeitskollegin Sonja trifft, war aber stattdessen bei der Exfreundin Anita.

Die Freundin spricht mit Sonja und findet heraus, dass Steve sie angelogen hat.

Als sie ihn zur Rede stellt, wird Steve sauer und wirft der Freundin vor "Du hast mich kontrolliert, da hast du voll meine Grenze überschritten". Sie sagt: „Du hast meine Grenze überschritten, indem du mich angelogen hast!"

Wenn wir auf Strategie-Ebene bleiben, dann suchen wir Schuld. Die Lösungsebene kommt dann, wenn wir uns die dahinterliegenden Bedürfnisse ansehen.

Das Lügen war eine Strategie. Welche Bedürfnisse hat ihm diese Strategie erfüllt?

Sicherheit, denn er weiß dass die Freundin nicht eifersüchtig wird, wenn er sich mit der Arbeitskollegin trifft.

Leichtigkeit und Harmonie, denn wenn die Freundin nicht eifersüchtelt, dann hat er Ruhe und Frieden

Macht und Bedeutung, wenn wir jemanden anlügen, dann halten wir dem anderen Wissen vor, wissen somit mehr als der Andere und setzen unsere Augenhöhe über die des Anderen.

Welche Bedürfnisse hat sich die Freundin mit der Strategie „mit Sonja sprechen" erfüllt?

Klarheit. Jetzt weiß sie, was Sache ist.

Sicherheit. Wenn sie weiß, was die Fakten sind, kann sie damit umgehen.

Liebe und Verbindung indem sie mit Sonja über ihren Liebsten gesprochen hat.

Mit welcher anderen Strategie hätte Steve sich diese Bedürfnisse erfüllen können? Weil Strategien gibt es ja viiiiele.

Eine Strategie: Ihr zu ganz offen zu sagen, „Ich liebe dich und trotzdem möchte ich jetzt zu Anja gehen und mit ihr über dieses eine Thema sprechen, das mich beschäftigt, weil sie mir damals auch schon damit weiterhelfen konnte. Und wenn ich selber mehr Klarheit darüber habe, würde ich mich freuen, wenn ich auch mit dir darüber sprechen kann"

Diese Strategie hätte nicht nur seine, sondern auch ihre Bedürfnisse gleichzeitig erfüllt.

Eine andere Strategie: gleich mit der Freundin über sein Thema zu sprechen ohne die Ex aufzusuchen.

Es macht einen großen Unterschied in meiner Lebensqualität, ob ich auf der Strategie-Ebene nach hinten schaue und Schuld suche oder auf der Bedürfnis-Ebene nach vorne sehe und Lösungen finde. Es macht mein Leben und das Leben meiner Mitmenschen entweder entspannter oder angespannter. Wie ich es lieber habe, ist meine Entscheidung.

Und ICH übernehme Verantwortung für mein Nichthandeln. Oder anders ausgedrückt: **Ich höre auf Ja zu sagen, wenn ich Nein meine.**

Noch ein Beispiel aus dem Leben:

Gudrun ist völlig am Ende, ihre Arbeit als Putzfrau macht sie fertig. Sie jammert jeden Tag über die Arbeit im Haushalt einer Familie, dass es ihr zu viel wird, dass sie neben den Putzarbeiten nun auch noch Gartenarbeiten macht und sich um den Hund kümmert. "Was soll ich noch alles machen?!? In meinem Vertrag steht "Putzarbeiten im Haus" da steht nichts von Garten! Mir tun nach der Arbeit die Füße und der Rücken so weh, dass ich nichts mehr in meinem eigenen Haushalt erledigen kann, ich bin nur noch kaputt."

Und für all die extra Arbeiten bekommt sie weder mehr Zeit oder Geld zur Verfügung. "Was für eine Frechheit, diese Chefin ist so unverschämt! Die nutzt mich nur aus", findet Gudrun.

36

Wenn in meinem Leben etwas nicht so läuft, wie ich das möchte, dann sollte ich mir zuallererst folgende Fragen stellen: "Was hätte ICH tun können, um die Situation zu verbessern?" "Wann hätte ich sagen können, dass mir das nun nicht mehr passt?" "Wieso habe ich nichts Alternatives getan oder gesagt, was ich wirklich will?"

Denn wenn Gudrun gefragt wird: „Hast du das bei deiner Chefin mal angesprochen" gesteht sie immer: „Nein, das kann ich doch nicht machen, sonst verlier ich vielleicht noch meinen Job" oder ein „Das müsste die doch auch sehen, dass man das nicht schaffen kann."

Das einzige was man über die Chefin wohl sicher sagen kann: Sie kann keine Gedanken lesen.

Denn eins ist sicher: Ich bin niemals das Opfer (außer ich stecke mich selbst in diese Rolle, aber das ist schon wieder meine Entscheidung) und die andere Person (in dem Fall die Chefin) kann nichts dafür. Die weiß vermutlich nicht einmal, dass es Gudrun zu viel ist.

Warum würde ich mich je selber in eine Opferrolle stecken? Naja, ganz ehrlich, es ist einfach, wenn ich allem und jedem die Schuld an meiner bescheidenen Situation geben kann. Es erfüllt mein Bedürfnis nach

Bedeutung (wichtig sein, gut sein), wenn alle anderen Deppen sind und es deren Schuld ist, dass es mir schlecht geht, dann bin ich zwar das Opfer, aber wenigstens nicht der Depp. Zusätzlich erfüllt mir das Opfersein auch mein Bedürfnis nach Verbindung, Sympathie und Trost. Und nicht zu vergessen das Bedürfnis nach Sicherheit, denn eins ist sicher, wenn ich ein Opfer bin, dann kann/muss ich nix ändern! Was für eine Erleichterung – the easy way out! Zumindest kurzfristig.

Gut, ich sehe die Vorteile, ein Opfer zu sein, und gleichzeitig sollte die Frage lauten: bringt es mich weiter und macht es mich auf Dauer glücklich? Nein.

Wenn ich also Verantwortung für meine Gefühle, für mein Handeln und für mein Nichthandeln übernommen habe, mir nicht mehr die Schuld auffällt, sondern die Lösungen einfallen, dann bemerke ich, dass ich ziemlich viel bewirken kann!

Und auch das steigert das Selbstwertempfinden und zwar langanhaltend! Glück, Zufriedenheit und die Sicherheit, in jeder Situation handeln zu können, stellen sich ein und das ist doch schon mal eine Basis für eine gute Beziehung, oder was meinst du?

Easy for you! Aber wie kann ICH mehr über Bedürfnisse lernen?

Einen guten Zugang bekommt man durch einen gewaltfreien Kommunikationskurs (GfK)

Das GfK Spiel (auch als App)

Oder komm in meinen Vortrag „Warum hören wir nicht auf, Dinge zu tun, die uns schaden? - Bedürfnisse und bessere Wege diese zu erfüllen."

40